BEI GRIN MACHT SICH IHR WISSEN BEZAHLT

- Wir veröffentlichen Ihre Hausarbeit, Bachelor- und Masterarbeit

- Ihr eigenes eBook und Buch - weltweit in allen wichtigen Shops

- Verdienen Sie an jedem Verkauf

Jetzt bei www.GRIN.com hochladen und kostenlos publizieren

Bibliografische Information der Deutschen Nationalbibliothek:

Die Deutsche Bibliothek verzeichnet diese Publikation in der Deutschen Nationalbibliografie; detaillierte bibliografische Daten sind im Internet über http://dnb.d-nb.de/ abrufbar.

Dieses Werk sowie alle darin enthaltenen einzelnen Beiträge und Abbildungen sind urheberrechtlich geschützt. Jede Verwertung, die nicht ausdrücklich vom Urheberrechtsschutz zugelassen ist, bedarf der vorherigen Zustimmung des Verlages. Das gilt insbesondere für Vervielfältigungen, Bearbeitungen, Übersetzungen, Mikroverfilmungen, Auswertungen durch Datenbanken und für die Einspeicherung und Verarbeitung in elektronische Systeme. Alle Rechte, auch die des auszugsweisen Nachdrucks, der fotomechanischen Wiedergabe (einschließlich Mikrokopie) sowie der Auswertung durch Datenbanken oder ähnliche Einrichtungen, vorbehalten.

Impressum:

Copyright © 2017 GRIN Verlag
Druck und Bindung: Books on Demand GmbH, Norderstedt Germany
ISBN: 9783668633100

Dieses Buch bei GRIN:

https://www.grin.com/document/392924

Vera Schmid

Coping. Methoden zur Stärkung des Bewältigungsverhaltens

Lässt sich unser moderner Alltag durch Copingstrategien gelassener gestalten?

GRIN Verlag

GRIN - Your knowledge has value

Der GRIN Verlag publiziert seit 1998 wissenschaftliche Arbeiten von Studenten, Hochschullehrern und anderen Akademikern als eBook und gedrucktes Buch. Die Verlagswebsite www.grin.com ist die ideale Plattform zur Veröffentlichung von Hausarbeiten, Abschlussarbeiten, wissenschaftlichen Aufsätzen, Dissertationen und Fachbüchern.

Besuchen Sie uns im Internet:

http://www.grin.com/

http://www.facebook.com/grincom

http://www.twitter.com/grin_com

Coping

Methoden zur Stärkung des Bewältigungsverhaltens

Lässt sich unser moderner Alltag durch Copingstrategien gelassener gestalten?

Eingereicht von   Frau Schmid, Vera Sophie

Eingereicht am   29. Juni 2017

Inhaltsverzeichnis

1. EINLEITUNG 3
2. WAS IST STRESS? 3
3. WAS IST COPING? 3
4. STRESS UND COPING ALS PROZESS 3
5. TRANSAKTIONALES STRESSMODELL 4
6. KÖRPER UND SEELE 4
7. ARTEN DER STRESSBEWÄLTIGUNG 5
   - 7.1 EMOTIONALE KLARHEIT 5
   - 7.2 GELOTOLOGIE 5
   - 7.3 ASSERTIVSEIN 6
   - 7.4 DIE ROSAROTE BRILLE 6
   - 7.5 DIE VIERERBANDE DER ENTSPANNUNG 6
   - 7.6 ZÜRCHER-RESSOURCEN-MODELL 7
8. FAZIT 7
9. LITERATUR 9

1. Einleitung

Wer kennt ihn nicht? Stress. Ein treuer Begleiter in unserem Alltag, der uns oft nicht zur Ruhe kommen lassen will. Uns auf die Pelle rückt, wenn wir ihn am wenigsten wollen und uns dabei noch zusätzlich schusseliger arbeiten und handeln lässt. Der nervt! Schon manche und mancher hat vieles versucht, um den ekligen Feind loszuwerden, um ihm mit weniger Angst und mehr Kraft gegenüberzutreten, doch ebenso manche und mancher hat eben dies nicht geschafft.

Im Rahmen des Blockmoduls *Coping* wurden uns während vier Tagen Stress und verschiedene Bewältigungsstrategien dazu nähergebracht. Mit viel Lust und Motivation haben die Dozenten die Lerninhalte so vermittelt, dass sie für alle im Modul Beteiligten in der Praxis anwendbar wurden.

Diese Arbeit wird sich mit ausgewählten Theorieaspekten aus dem Modul befassen und mit diesen versuchen, die Fragestellung *Lässt sich unser moderner Alltag durch Copingstrategien gelassener gestalten?* zu beantworten.

2. Was ist Stress?

Als Stress definieren wir ein Ungleichgewicht, welches zwischen den Anforderungen oder Belastungen an eine Person und den Ressourcen dieser Person um mit diesen Belastungen oder Anforderungen umzugehen. Das entstehende Ungleichgewicht wird von der Person als unangenehm empfunden. Ist Stress chronisch und arbeitsbedingt, so kann er über längere Zeit andauernd zu psychischen sowie somatischen Krankheiten führen[1].

3. Was ist Coping?

Das Wort *Coping* leitet sich aus dem englischen Begriff *to cope with* ab und bedeutet, etwas zu *bewältigen* oder *überwinden*.[2] Wie es der Begriff also bereits ausdrückt, beschäftigt sich das Coping mit Möglichkeiten, Strategien und Umsetzungen, um auf möglichst effektvolle Weise Stress zu bewältigen.

4. Stress und Coping als Prozess

In ihrer Definition kamen Lazarus und Launier (1981) zu dem Ergebnis, dass Stress „[...] ein transaktionales Konstrukt [...]"[3] ist. Das hat zur Folge, dass Stress seit jeher mit der Sichtweise der Dynamik betrachtet wird, die zudem über die engeren Grenzen des Individuums reichen, also sprich, eine Transaktion zwischen Umwelt und Person.

---

[1] Bolliger-Salzmann, 2017, S.4
[2] Bolliger-Salzmann, 2015, S. 2
[3] Bodenmann, 1997, S. 74

5. Transaktionales Stressmodell

Bezüglich des transaktionalen Stressmodells bewertet ein Individuum in einem ersten Schritt (primary appraisal) Situationen auf ihre Relevanz. Diese Situationen können entweder als positiv, potenziell gefährlich/schädlich/bedrohlich (stressend) oder irrelevant eingestuft werden. Die vom Individuum als stressend empfundenen Situationen lassen sich weiter unterscheiden in *Herausforderung* (bewältigbar), *Bedrohung* (eintretender Schaden wird erwartet) und *Schädigung/Verlust* (Schaden ist da). Als stressend eingestufte Situationen fliessen schliesslich in den secondary appraisal, wo das Individuum prüft, ob es genügend verfügbare Ressourcen besitzt, um mit dem Stressor umzugehen und ihn zu bewältigen. Besitzt das Individuum nicht genügend Ressourcen um den Stressor zu bewältigen, so entsteht Stress. Und hier spielt nun Coping eine Rolle; durch die Stressbewältigung, die problem- oder emotionsorientiert sein kann, beseitigt das Individuum im besten Fall den Stress. Die erfolgreiche Stressbewältigung führt zu einer Neubewertung (Reappraisal); es wird gelernt und angepasst. Durch dieses Lernen und die Anpassung kann in einer neuen Situation die gleiche, zuvor als Bedrohung eingestufte Situation nun als Herausforderung bewältigt werden. Umgekehrt kann aber auch eine vorherige Herausforderung nun als Bedrohung eingeschätzt werden.[4]

Diesbezüglich wird deutlich, inwiefern Lazarus und Launier Stress und Coping als fortlaufenden Prozess sehen. Bei ihrer Definition des Prozesses geht es primär um die Dynamik zwischen Einschätzung (primary und secondary appraisal) und Coping.[5] Das Modell wird darum transaktional genannt, weil „[...] sich bei diesem Prozess eine denkende, fühlende und handelnde Person in einer sich verändernden Situation befindet [...]»[6]. Wir haben einen Einfluss auf die Situation, die Situation hat aber wiederum auch einen Einfluss auf uns – es ist eine interdependente Aktion, eben eine Transaktion.

6. Körper und Seele

Immer wieder wird für uns begreiflich, dass Körper und Seele nicht einfach zwei verschiedene Aspekte des Menschen sind, sondern zwei Aspekte, die miteinander funktionieren und sich gegenseitig beeinflussen – sie sind interdependent. Womöglich kennen alle das Kribbeln im Bauch, wenn wir verliebt sind; wenn uns eine Situation als gefährlich oder unheimlich scheint; wenn wir nervös sind – es gibt unzählige Momente/Reize, die wir sowohl kognitiv wie auch physisch spüren. Dieser Zusammenhang von Körper und Seele ist weiter auch wissenschaftlich belegt; wir wissen, dass der Körper schneller reagiert und sich relativ unmittelbar das holt, was er benötigt – die Seele wiederum lässt sich Zeit und meldet sich erst viel später, oft auch zu spät. Wenn sich die Seele schliesslich meldet,

---
[4] Bodenmann, 1997, S. 74 sowie Bolliger-Salzmann, 2015, S. 9-12
[5] Bodenmann, 1997, S. 74
[6] Bolliger-Salzmann, 2012, S. 137

werden die Symptome nicht selten somatisiert[7]. Es gilt also, der Seele mehr Beachtung zu schenken, um somit Körper und Seele des Menschen in ein gesundes Gleichgewicht zu bringen.

7. Arten der Stressbewältigung

Täglich begegnen wir kleineren und grösseren Situation, die uns auf irgendeine Weise stressen: Der verpasste Bus, wenn man sowieso schon spät dran ist; das Spaghettiwasser, das überkocht und die Herdplatte verschmutzt und so weiter und so fort. Solchen daily hassles wird gewöhnlich nicht besonders viel Achtung geschenkt – wir sind uns an sie gewohnt, aber sie sind mühsam. Durch diese Gewohnheit vernachlässigen wir die Strategien, um die daily hassles zu bewältigen und lassen sie einfach über uns ergehen bis sie wieder vorbei sind. Dann sind wir froh und denken kaum mehr daran. Doch unser Körper schüttet in diesen Momenten der daily hassles Hormone aus, die uns über längere Zeit krankmachen können. Folglich scheint es sinnvoll, alltägliche Strategien zu haben, die uns helfen, daily hassles besser zu bewältigen, oder die Ereignisse primär nicht als daily hassles einzuordnen. Im Folgenden werden solche Strategien erläutert.

7.1 Emotionale Klarheit

In einem ersten Gedankenschritt soll überlegt werden, was einem guttut. Dabei geht es um das Guttun im übergeordneten Sinne, also nicht von Dingen die sofort konsumiert werden oder Erlebnisse, die jetzt genau geschehen können. In einem weiteren Schritt soll herausgefunden werden, was man dafür geben würde, um die emotionale Klarheit zu erreichen; Motivation spielt hier eine grosse Rolle. Als letzte gedankliche Stütze sollen Überlegungen im Sinne von *„Wie würde mein zukünftiges Ich in dieser Situation handeln?"* helfen.
(Bolliger-Salzmann, 2015, S. 16)

7.2 Gelotologie

Die Gelotologie als Wissenschaft befasst sich mit den Auswirkungen des Lachens auf den Menschen und seine Gesundheit. Man konnte die Auswirkungen des Lachens auf die Psyche und den Körper des Menschen beweisen. So auch Norman Cousins, ein US-amerikanischer Journalist, der an Morbus erkrankte; er begann seine Krankheit durch Humor zu bekämpfen und war damit erfolgreich. Durch intensives Lachen konnte er die sonst unerträglichen Schmerzen seiner Krankheit beseitigen und lebte Jahre mehr als die Ärzte es ihm prognostizierten.[8] So war Cousins der eigentliche Initiator für die Gelontologie und Jahre später konnte wissenschaftlich bewiesen werden, dass Lachen das Herz-Kreislaufsystem positiv beeinflusst und Stresshormone vermindert oder auch das Immunsystem stärkt[9].

---

[7] Bolliger-Salzmann, 2015, S. 6
[8] Bolliger-Salzmann, 2015, S. 17
[9] Joung, 2014

Durch unsere Sozialisation in Kontrollgesellschaften haben wir gelernt, uns anzupassen und in vielen Situationen unser spontanes Lachen zu unterdrücken[10]. Wir müssen also vermehrt im Alltag lachen können, um mit unserer körpereigenen Medizin unsere geistige sowie physische Gesundheit positiv zu beeinflussen. Das soll heissen, dass wir mit Lachen auch präventiv wirksam sein sollen.

7.3 Assertivsein

Assertiv zu kommunizieren soll bedeuten, dass die sprechende Person mit ihren Worten genau das zum Ausdruck bringt, was sie denkt und zum Ausdruck bringen will – nichts Anderes soll damit gemeint werden. Demnach ist die sprechende Person in Einklang damit was sie ausdrückt und wie sie denkt und fühlt – es gibt keine Dissonanz. In konkreten Beispielen nach Bolliger-Salzmann soll dies Folgendes bedeuten:

- Sprechende Personen dürfen die eigene Meinung sagen zum Ausdruck bringen, wie sie sich fühlen;
- sprechende Personen dürfen danach fragen, wenn sie etwas wollen oder brauchen;
- sprechende Personen können mit etwas nicht einverstanden sein und können dies respektvoll zum Ausdruck bringen;
- eigene Ideen und Vorschläge können eingebracht werden;
- „nein" zu sagen, ohne dabei Schuldgefühle zu haben, ist akzeptabel;
- sprechende Personen können für andere sprechen.

(Bolliger-Salzmann, 2015, S. 18-19)

7.4 Die rosarote Brille

Durch das gedankliche Aufsetzen der rosaroten Brille soll alles, was einem im Alltag geschieht und was man erlebt, positiv bewertet werden. Vor allem Situationen, die uns normalerweise nerven würden, erhalten dadurch eine Neubewertung. Meist sind diese Geschehnisse und Situationen solche, die es ehrlicherweise nicht den Wert sind, sich über sie aufzuregen und unnötig Energie für sie aufzuwenden. Lieber soll durch das Aufsetzen der rosaroten Brille die gesparte Energie in Erlebnisse, Situationen und Geschehnisse gesteckt werden, die uns erfreuen und die wir geniessen können.

(Bolliger-Salzmann, 2015, S. 20-21)

7.5 Die Viererbande der Entspannung

Die Viererbande der Entspannung beginnt damit, dass man seine Fusssohlen auf den Boden setzt und sie dadurch aktiv spürt. Im Selbstversuch wurde bei der Mehrzahl der beteiligten Personen ein Kribbeln in den Füssen wahrgenommen – ein präsent sein. Genau das soll mit diesem ersten Schritt erreicht werden. Das Bewusstsein, dass ich da bin, eben präsent bin und mit dem Boden verwurzelt bin. Automatisch nimmt man dadurch eine andere

---

[10] Joung, 2014

Körperhaltung ein; man sitzt/steht aufrechter und wirkt dadurch beteiligter. Diese äussere Haltung hat Auswirkungen auf unsere innere Haltung.

In einem zweiten Schritt soll der Schliessmuskel geöffnet werden. Oft haben wir stundenlang eine angespannte Haltung und schliessen diesen Muskel mit viel Energie – durch das Öffnen sollen die Energien fliessen.

Den dritten Schritt macht die Bauchatmung aus. Auch in der Meditation und im Yoga stellt sie einen essentiellen Teil der Übungen dar; im Alltag wird oft nur oberflächlich geatmet. Durch die gezielte Bauchatmung wird Stress abgebaut, man entspannt sich und es entsteht ein emotionaler Ausgleich, um nur einige Aspekte zu erwähnen.

Als abschliessenden Schritt soll man sich beim Ausführen der Viererbande der Entspannung einen netten, freundlichen, lustigen Gedanken holen und daran denken. Das löst bei allen automatisch ein Lächeln aus, welches die Lachmuskulatur im Gesicht betätigt und dadurch Signale ans Gehirn sendet, welches schliesslich Endorphine ausschüttet.

Durch das Ausführen der Viererbande der Entspannung fühlt man sich also präsent, glücklich und in sich vollkommen – ein absolut positives Gesamt also.

(Bolliger-Salzmann, 2015, S. 21)

7.6 Zürcher-Ressourcen-Modell

„Machen Sie doch, was Sie wollen!" so lautet die zentrale Aussage aus dem Zürcher-Ressourcen-Modell (ZRM). Oft wissen wir gar nicht, was wir wollen; tun etwas Anderes, als wir eigentlich wollen, oder tun etwas nicht, das wir eigentlich tun möchten. Die Arbeit mit dem ZRM soll uns dabei helfen, in Situationen genau das zu tun, was wir wollen. Denn in unserem Leben beurteilen wir Situationen auf zwei verschiedene Weisen, einerseits kann das mit dem langsamen Verstand sein oder andererseits mit dem schnellen Bauchgefühl, dem Würmli. Beim Verstand weist sich das Kommunikationsmittel die Sprache aus, beim Würmli die diffusen Gefühle (somatische Marker). Als Bewertungskategorien bedient sich der Verstand dem „richtig/falsch", das Würmli dem „mag ich/mag ich nicht". „Es geht weniger darum, richtig zu entscheiden, sondern vielmehr, klug zu entscheiden[11]."
(Wyss, 2017, S.

8. Fazit

Schlussfolgernd lässt sich beurteilen, dass es viele Möglichkeiten gibt, die immer wieder auftretenden daily hassles in unserem modernen Alltag mit Copingstrategien zu bewältigen. Diese Strategien können einerseits helfen, mit akut auftretenden daily hassles umzugehen, oder sie wirken präventiv in dem sie uns über längere Zeit angewendet grundsätzlich gelassener stimmen. Meines Erachtens wird nicht jede und jeder fähig sein, alle Strategien genauso umzusetzen und täglich in allen Situation mit sich und der Umwelt in einem

---

[11] Storch, 2010, S. 85

Gleichgewicht zu sein. Nicht immer ist der Mensch dazu im Stande, auf seine Ressourcen zurückzugreifen und Situationen, oder eben daily hassles, mit der möglichen Gelassenheit zu bewältigen. Dennoch ist es wünschenswert eben diese Strategien so oft wie möglich umzusetzen, um seinen Alltag gelassener zu gestalten und dadurch wenigstens 1 potenziell stressendes Ereignis weniger zu haben. Genau diese Einstellung erachte ich als wichtig. Konzentriert man sich zu stark darauf, alles gelassen zu nehmen und sich auf gar keine Fälle stressen zu lassen und es dann doch geschieht; kann denn nicht genau das auch Stress auslösen? Zudem empfinde ich nicht alle Copingstrategien als fortwährend umsetzbar, so zum Beispiel das assertiv sein. Ich denke, in der heutigen Gesellschaft ist das immer stark mit zwischenmenschlichen Verlusten und Abneigung verbunden – wenn das eine Person will und kann, kann das zu einer guten und stabilen inneren Haltung führen, wo sich die Person mit sich im Ganzen im Einklang fühlt. Mir persönlich ist eine extreme assertive Haltung zu viel

Mein Ziel ist es nach diesem Modul die Strategien in meinen Alltag einzubauen und mich nach Möglichkeit, Situation und Ressourcen an sie zu erinnern und sie anzuwenden. Wie bereits erwähnt; schon 1 potenziell stressendes Erlebnis weniger wird mich glücklicher und gelassener stimmen und meinen Alltag erfreuen. Meinen Alltag nicht nur durch körperliche sondern, auch durch geistige Gesundheit zu verbessern motiviert mich, die Strategien anzuwenden.

Literaturverzeichnis

Bodenmann, Guy. (1997). *Stress und Coping als Prozess.* In Clemens Tesch-Römer, Christel Salewski & Gudrun Schwarz (Hrsg.), Psychologie der Bewältigung (S. 75-92). Weinheim: Beltz Psychologie Verlag Union.

Bolliger-Salzmann, Heinz. (2012). *Stress und Stressbewältigung.* In M. Egger & O. Razum (Hrsg.). Public Health. Sozial- und Präventionsmedizin kompakt. Berlin: de Gruyter.

Bolliger-Salzmann, Heinz. (2015). *Coping: Stressmanagement mittels Bewältigungsstrategien.* [PPT-Präsentation, BFH Soziale Arbeit]. Abgerufen von https://moodle.bfh.ch/

Bolliger-Salzmann, Heinz. (2015). *Pragmatisches Coping im Alltag. Angewandte Beispiele, wie Coping im Alltag funktionieren kann. Ein körperlich, mental und emotional bewegter Alltag in Balance bringen – wie geht das?* [PPT-Präsentation, BFH Soziale Arbeit]. Abgerufen von https://moodle.bfh.ch/

Bolliger-Salzmann, Heinz. (2017). *Gelassenheit im Alltag. Zusammenstellung für die Soz. Klasse „Coping" F2017. Ein pragmatischer Umgang mit Führungsstress.* [PPT-Präsentation, Institut für Sozial- und Präventionsmedizin]. Abgerufen von https://moodle.bfh.ch/

Joung, Frank. (2014). *Gelotologie. „Lachen ist Joggen im Sitzen".* Abgerufen von https://spiegel.de/

Storch, Maja. (2010). *Machen Sie doch, was Sie wollen! Wie ein Strudelwurm den Weg zu Zufriedenheit und Freiheit zeigt.* Bern: Huber & Lang.

Wyss, Silvia. (2017). *Die ganze Welt ist eine Bühne. Selbstmanagement nach dem Zürcher Ressourcenmodell (ZRM).* [PPT-Präsentation, BFH Soziale Arbeit]. Abgerufen von https://moodle.bfh.ch/

BEI GRIN MACHT SICH IHR WISSEN BEZAHLT

- Wir veröffentlichen Ihre Hausarbeit, Bachelor- und Masterarbeit

- Ihr eigenes eBook und Buch - weltweit in allen wichtigen Shops

- Verdienen Sie an jedem Verkauf

Jetzt bei www.GRIN.com hochladen und kostenlos publizieren